COMO QUERER ATRAPAR EL AGUA ENTRE LAS MANOS

LA CALLE

COMO QUERER ATRAPAR EL AGUA ENTRE LAS MANOS
© Sara González
Diseño de portada: Dpto. de Diseño Gráfico La Calle

Iª edición

© Editorial La Calle, 2024.

Editado por: Editorial La Calle
c/ Cueva de Viera, 2, Local 3
Centro Negocios CADI
29200 Antequera (Málaga)
Tel.: 952 70 60 04

Correo electrónico: editoriallacalle@editoriallacalle.com
Internet: www.editoriallacalle.com

ISBN: 978-84-19519-24-5
Depósito Legal: MA 1675-2024

Impresión: PODiPrint
Impreso en Andalucía – España

Nota de la editorial: Editorial La Calle pertenece a Innovación y Cualificación S. L.

SARA GONZÁLEZ

COMO QUERER ATRAPAR EL AGUA ENTRE LAS MANOS

Editorial La Calle
ANTEQUERA 2024

Para Rebeca

Tu sexo me sabe a naranja
a campo
a miel
me sabe a volcán que se alza
a leyenda
a raíz que se prende a su ser
a puño cerrado
a patria
a ti
tu sexo me sabe a mujer.

Rosamaría Roffiel

MUSA

Tú, la musa,
la diosa,
la leona.

Yo, la artista,
la devota,
la presa.

O quizás tú seas
mi creadora,
mi beata,
mi domadora.

Domadora de impulsos,
cabalgadora de sueños,
presa de mis piernas.

Mujer poderosa,
tus caderas... liberación.

Curvas,
pecado:
inspiración.

Por siglos silenciadas,
violadas.

En segundos,
por todas admiradas.

Admiración por la defensa,
admiración por el amor,
la lucha,
la pasión.

Cómo no admirar(os),
admirar(te).

Si tú, mujer,
mujer que ama a otra mujer,
eres pura,
valiente.
Musa.

Y yo, mujer,
mujer que ama a otra mujer,
cómo no crear
a partir de ti.

Mi musa,
mi veneración.

Sin ti no tendría
razón (de ser).

De ser,
poder ser.

Musa porque me inspiras.
Artista porque te empoderas.

Hoy escribo aquí,
porque tú estuviste allí.

En el grito, en la lucha.
Ni barbarie ni locura.
Deseo, amor, cordura.

Sufrida conquista del amor,
vida de revolución.

Conquista de tu (propio) cuerpo,
territorio de derechos.

஧ · ஼

Eso de las musas
pensaba que no,
pero sí existen.
Y tú eras la mía.

BAILAS

Bailas entre las letras de mi abecedario, que empieza contigo y termina por tú conmigo. Tú conmigo desafiando al frío, floreciendo de la mano, sudando al sol de nuestros cuerpos y amontonando caducas hojas que nos dan cobijo. Bailas entre las letras de mi abecedario creando nuevas palabras que me ayudan a definirte y a definirme a mí contigo. Bailas descubriéndome completos vocabularios que nacen en tu boca y mueren en la mía.

Chica de ojos bonitos,
pelo negro, belleza inmensa.
En tu mirada quedé atrapada.
En tus ojos vi el mundo entero.

Píntame la piel con tus labios.
Que corra la tinta de tu saliva por mis pecas.

Hay una canción que dice: «... el sabor a sal y a mar en tus bragas...». Y a ti no te hace falta ir a la playa para saber a sal cuando te quito las bragas y navego con mi lengua entre tus olas.

Mi lengua encontró su lugar
danzando con la tuya.

Tu cremallera al abrirse suena
a manos frías y aliento acelerado.
A desvestirte con prisa
y a pausa para mirarte.
Suena a tu risa.
Tu cremallera al abrirse suena
a libertad.

LÍNEAS ROTAS

Me enredo entre los libros
y tu pelo negro aparece en ellos.
Tu voz grave, áspera y rota leyendo versos
que te convierten en poesía.
Eres poemas de amor, libros de pasión.
Me enredo en tu melena
y tu piel morena brilla entre las letras.
Tú eres todo lo que escriben
en los libros de poesía.
Dejo de escuchar las palabras que pronuncias.
Ahora vibro con tus notas, líneas rotas.

Bésame y vérsame
hasta que la poesía
deje de existir.

Los colores del norte huelen a ti.

Me abriste las alas, me ayudaste a volar. Me enseñaste lo que es amar: viajar sin mirar atrás. Un año que bailó y voló. El tiempo se multiplicó. Contigo, porque estabas y todo segundo era poco; sin ti, porque me faltabas y todo segundo era menos para tenernos.

En el hueco entre tu clavícula y tu cuello se dibuja una hamaca del tamaño perfecto donde acurrucarme y quedarme a vivir. En el hueco entre tu clavícula y tu cuello entran todos los besos que no te puedo dar. Reposan juntos donde estaría mi boca si te los pudiese regalar.

TU HUELLA

«A mí me parecen manchas de rotulador», dices mientras recorro las pecas de tu espalda con los dedos. Dejo de verlas cuando te giras y me abrazas. Respiro dentro de tu pelo y embriagada con tu aroma nos quedamos dormidas. Un tímido rayo de sol me desvela. Alargo el brazo para tocarte y no te encuentro. Aparto las sábanas, pero ya no estás. Solo quedan los recuerdos de tu tinta dibujando mi cama.

MARCHITA

Los días que pasan
marcan el segundero del tiempo sin ti.
En el vacío bailan las raíces desterradas
y solo me quedan las flores marchitas
que vuelan cada vez más desmenuzadas.
Ya no tengo nada dentro de mí.

PENSAR(TE)

Te recuerdo en cada calle.
Veo océanos en las aceras
y apareces en ellos dibujando olas.
En cada paso que ando te encuentro.
Cuando ya no te espero,
me sorprendes en un recuerdo.
Quisiera contarte que te olvido mientras te pienso.
Y que olvido tener que olvidarte.

Mi mano echa de menos tu cintura, y mi brazo, rodearla para acercarte a milímetros negativos de la mía. Mis latidos echan de menos que tus rizos reposen en ellos, y mi tacto, el roce de tu piel. Mis labios, a veces, recuerdan los tuyos y tu sabor. Mis ojos añoran cerrarse al abrazarte, y mi seguridad, tu aroma que reconforta, que era hogar.

La distancia
que nos separa
la mido
en los kilómetros
de mi piel
que están desnudos
sin tu roce.

Estás en cada uno de mis días.

Te escribo en versos,
te recuerdo en retazos.

Los melocotones siguen oliendo
al tacto de tu piel erizándose.

Tu sedosa carne
de piel terciopelo
reflejo difuso.

Hay una historia en los pliegues de tu cuerpo. Una historia solo mía. Guardo en mis páginas tus susurros, tus gemidos, tus vibraciones. La historia de tus lunares la recorro en mis recuerdos, me guían los besos que grabé en tus curvas. Te muestras ante mí en versos que no sé rimar, como no sé si rima un futuro inconsciente en el que poder preguntar si quizás una amistad...

Hay cientos de hilos rojos invisibles anudados en mis dedos y sé que terminan en los tuyos. Lo sé porque creo en ti y en un nosotras que fue, que ya no es y no sé si será, pero ojalá.

No consigo contigo encontrar un sin ti
que me haga avanzar.
Olvidar.

¿Quién quiere oxígeno teniéndote a ti,
teniéndote aquí, queriéndote así?

O2, Chica sobresalto

Y quién quería oxígeno si yo respiraba besándote a ti.

SABER SER

Saber qué es lo que fui.
Qué soy.
Ahora.
Para ti.
Un nosotras
que fue.
Y ya no es.
Ni lo será.
Un presente
que se basa
en lo que fuimos.
En lo que fuiste.
Un futuro
que se reduce
a la esperanza
de saber qué seré
para ti.
Qué será de mí
pensando en ti.

Todo empezó en la distancia, esa que siempre nos unió. Que nos conoció, nos conectó y nos enamoró. Hasta que nuestras manos se unieron sin razón. Todo empezó en la distancia y todo acabó con ella. La distancia que me amenazó y no luché. La que me separó y no me percaté.

Escribí: «Pensé en ti».
Un hecho aislado,
algo puntual.
Te escribí en pasado.
Qué herejía perpetré.
Que pensar, te pensé.
Pero continuamente es
mi pensamiento para ti.
Todo el rato te pensé.
Todo el rato te pienso
y te pensaré.

Todo me recuerda a ti.
Me abro las entrañas,
me aparto las costillas,
me rompo el corazón...
Desprendo el pedazo que te pertenece.
Sin renunciar a ti.
Solo buscando un resquicio
que me ilumine el sentido.
Que te saque de mí
y me deje dormir
sin pensar en ti.
Sin soñar contigo hasta el fin.
Todo me recuerda a ti.

No escapo de esta soledad
que tú no conoces.
Quisiera presentártela,
que supieras que no te olvido.
Solo te pienso
y te vivo,
y te revivo.

Quizás porque te amé y te sigo queriendo te encuentro en cada verso, en cada letra. Las palabras se me agolpan y me descubro escribiendo(te) bonito. Solo a ti te escribo y te describo. Solo de ti recuerdos dulces, solo de ti besos, abrazos y amor. Solo tú en mi tinta, solo tú corriendo por mi sangre y mi deseo. De verte, rozarte y no añorarte. A ti, la única en la que pienso y escribo bonito. De ti, a ti, siempre lo haré.

Hay espejos
que bailan con el recuerdo
de tu reflejo.
Pero soy yo
la que me veo en ellos.
Me devuelve
la mirada el bosque
de tus ojos.
Puro, claro, dulce,
transparente.
Imagino que tus ojos
siguen viéndose así.
Aunque ya no sea
yo la que los mire.
Es otra la que te vive ahora.
La que se refleja
en tus espejos.
La que baila
con tu cuerpo.
Me retumba el pecho
si te veo.

Cómo te escribo desde aquí,
si no supe hablarte con mis ojos.
Si no supe hablarte con mis manos,
mi tacto, mi cuerpo.
Si no supe hablarte con mi alma,
con el pulso de mis venas.
Si no fui capaz de tocarte
y expresarme con nuestros parpadeos...
Cómo voy a ser capaz
de encontrar la palabra exacta
que te explique
que no tengo suficientes idiomas
con los que acercarme
a ti.
Con los que decirte
a ti.
Que me quedaría sin habla
y sin lenguaje
por poder mirarte
una vez más
y entendieses todo
lo que no te sé explicar.

ÍNDICE